EDITION BELLETRISTIK

JUBELJAHRE
MAX CZOLLEK

Quartheft 57 | Edition Belletristik
3. Auflage
ISBN 978-3-945832-00-4

www.verlagshaus-berlin.de

GEDICHTE: Max Czollek
ILLUSTRATIONEN: Varvara Polyakova
LEKTORAT: Jo Frank
GESTALTUNG & SATZ: Dominik Ziller
SCHRIFT: Phosphate, Futura
BUCHDRUCK & BINDUNG: Druckerei Totem / Printed in Poland, 2019
PAPIER: 90 g/m2 Amber Graphic / 250 g/m2 Iceblink weiß

WEITERE TITEL VON MAX CZOLLEK IM VERLAGSHAUS BERLIN:
GrenzWerte / Edition Belletristik / ISBN 978-3-945832-34-9
A.H.A.S.V.E.R. / Edition Binaer / ISBN 978-3-945832-16-5
druckkammern / Edition Belletristik / ISBN 978-3-940249-52-4

Das Verlagshaus Berlin wurde 2018 mit dem Förderpreis des ersten Berliner Verlagspreises und 2019 mit dem Deutschen Verlagspreis ausgezeichnet.

Alle Titel, die im Verlagshaus Berlin erscheinen, werden im Literaturarchiv Marbach, im Lyrik Kabinett München und in der Deutschen Nationalbibliothek archiviert.

MAX CZOLLEK

& JUBELJAHRE

JUBELJAHRE

MAX CZOLLEK

ILLUSTRIERT VON

VARVARA POLYAKOVA

warum muß jede Stadt

zum Jerusalem werden und jeder

Mensch zum Juden

ADAM ZAGAJEWSKI,
„NACH LEMBERG FAHREN"

AUSSCHREIBUNG ZUM FAMILIENFEST

—

ich wende mich an diejenigen
die gebrauchte zahnbürsten kaufen
für den bürgersteig und merken
die arbeit ist bereits getan

die an regenschirme glauben
auch bei bombenwetter
und werden vom schweiß ganz nass

die einen bauchschuss vortäuschen
um durch die musterung zu kommen
und dabei so überzeugend sind
dass sie verbluten

die sich freuten
würden fremde ihr gesicht besetzen
ohne erst um erlaubnis zu bitten

—

ich wende mich an diejenigen
die als väter auszogen
und zurückkehrten als söhne

die im lidl standen und glaubten
es sei zeit, zu den waffeln zu greifen

die in der morgendämmerung
eine tür eintraten
und sich anschließend entschuldigten

die sich auf keinen fall
lebendig fangen lassen, deren blutkörper
kugelsichere westen tragen

—

ich wende mich an die letzten minuten
auf der wilhelm gustloff, an die brennende heimat

ich wende mich an diejenigen
die die zündschnur nicht bemerken
die von den worten in die vergangenheit reicht

die mit einem stuhlbein auf der ostsee treiben
die im tauwasser der eisberge geweihten

die nach der sturmflut hühnergötter suchen
und bernstein, die in erdgeschichte bewanderten
die immer seetang finden und keine haare

ich wende mich an diejenigen
die im fischmarkt einen aal ersteigern
ihn wieder in die elbe schmeißen
denen sonst nichts einfällt
zum thema freiheit

die hollywoodschaukeln besitzen
und genügend aufgänge
ein leben treppen zu steigen

die ihre hände strecken zur kapitulation
und dabei behaupten
sie würden nach sternen greifen

die nordsee für ein geräusch halten
die sich eine flasche
auf die augen drücken
die den einsatz verdoppeln
aussteigen, ohne ihr blatt zu zeigen

ich wende mich an diejenigen
die keine lastwagen an der ampel sehen
sondern deutsche in osteuropa

die keine flugzeuge am himmel
ohne new york, damaskus, kabul, caracas
seoul, ramallah, belgrad, tel aviv, heiligendamm

ich wende mich an diejenigen
die im schatten der giganten marschieren
denen angenehm kühl ist dabei

an jene in geliehenen anzügen
in ubahnen, schauläden, leeren gläsern
in himmelbetten, bester erinnerung
in meinen gebeten

---

ich wende mich an die zugvögel
denen ich glauben schenken möchte
von ganzem herzen

an die tanzenden, ich versuche sie
mir / in die dämmerung zu stellen
mit ihren beinen aus carbon

ich wende mich an die adern
meines schläfendeltas, deren verlauf ich
im kalklicht der besuchertoilette einer gedenkstätte
zu orten versuche

und dabei merke, dass ich bereits alles
wieder vergessen habe

---

ich wende mich an diejenigen
die schon immer mal lucky strikes
an einer tankstelle rauchen wollten

die sich bärte wachsen lassen
um dahinter ihre zähne zu verstecken
die keine angst mehr haben vor den ärzten

die eine geheimwaffe erfinden
und die baupläne auf dem weg zum treffpunkt
unter ihrer sitzbank vergessen

ich wende mich an diejenigen
die gürtel besitzen für ihren bauch
und einen koffer für stark frequentierte orte
hauptbahnhöfe, große freiheit, stelenfeld

ich wende mich an diejenigen
die keine albträume haben
denen die welt auch so eine kugel gibt

deren geballte faust die eigenen
finger bricht, die im schlaf
schon über dachkanten hinaus

ich wende mich an diejenigen
unter birkengestöber
für die es im frühjahr schon schneit

die schulen besetzen
weil sie nicht mehr weiter können
die in meiner scheiße waten
die ich vergessen habe

—

ich wende mich an diejenigen
deren auszug für heute geplant ist
die wissen, wo sie ihre bücher lassen

die lieder kennen
von denen keiner mehr sagen will
er habe sie vorher nicht gemocht

an diejenigen, die erdfrüchte
in salzwasser tunken, die fröhlich sind
und wissen, es ist doch ohne grund

die den göttern ihre erwartungen opfern
die nur noch lyrik verstehen und sonst nichts

schließlich wende ich mich an diejenigen
die glauben, nachts warten die leeren spiegel
auf ihr verlassenes gesicht

diejenigen, die die verweinten augen
ihrer eltern vergruben und dabei unheilbar waren
wie himmel am abend

diejenigen, die sind wie die schwalben
die schlafen im flug

die am ende vom himmel fallen
ohne viel geschrei

ANI

JUBILÄUM

durch meine wohnung
wandern schatten
trinken auf gestern

hinter den wänden
ruft es nach ihnen
kann sein: schweigen

oj, ich habe flaschen
geleert für das meer
morgen fahre ich hin

bis dahin sterben
meine väter in weiß
sie werden das nicht verstehen

MOSAISCHES TRIPTYCHON

einer lässt sich pejes wachsen

einer wäre gern prophet

einer kippt benzin über menschen

einer übt sich im händewaschen

einer sagt: hättest du uns hinausgeführt
und nicht hinein
es wäre uns genug gewesen

einer geht am schabbat heimlich tanzen

einer pfeift sein gebet

freunde, den talit brauche ich nicht
meine familie hat gelernt
nackt zu sterben

FREILUFTINHALATORIUM SALINENTAL

komm näher, sophie
wir werden einen kurpfad
nach dir benennen

binden unsere trauer
an schwarzdorn, entschuldige
wir sind so hilflos

sophie, nun stehen wir
zur inhalation bereit
öffne uns die lungen

mit deinen gebeten
unter nackten wolken
werden wir gesund

FÜR SOPHIE SONDHELM
1920–1944

מ ב ו ל

ich denke an menschen
die sterben bei unfällen
wie wettervorhersagen

an bibeltiere erschöpft
in den aufwachräumen
geglückter operationen

ich flute eine exegese
und hab vergessen wo
rettungsboote ankern

vor dem fenster opfert
einer schnapsflaschen
preist das morgenland

ICH SAGE

ich sage: die sonne
ist das umkränzte auge
eines lagerturms

ich sage: kennen sie
den strand in shanghai
den sollten sie einmal
gesehen haben

ich sage: einem freund
werde ich nichts geben
selbst wenn er nicht
darum bittet

ich sage: die reise
mit einem toten verwandten
ist immer eine reise wert

RUINEN VON ANI

das radio wird zum empfänger
für gewissenhaften wind

die erdoberfläche
ist ein unzuverlässiger speicher
für lebendiges

der sand hält die finger
hinter dem rücken überkreuzt

das wievielte troya
wie oft haben wir uns erkannt
in zufälligen knochen

der frage, wo das dorf war
wo die steppe zum verdursten

WENN ICH GROSS BIN

wenn ich groß bin
fürchte ich mich nicht
vor überlandflügen

spiele ich ein lied
auf der wirbelsäulenflöte
meiner ersten liebe

wenn ich groß bin
fange ich dorftrottel
mit diesen vogelhänden

lasse sie eine autobahn
ausrollen auf das meer
für meine wolkenpanzer

FÜR JOSEPH KOBA
1878–1953

DER VIELE SCHNEE

wo bist du
wenn ich in gefluteten flachbildräumen
einen menschen verstecke

laternen schaufeln
gräben wachsen holzbeine ticken
höre hinter dem licht

mein herz nicht beiboot
nicht zuhause
nicht schlaftopf mehr ist

nein – kein schnaps
ich habe bloß den hals voller geschichte
oder wie nennst du
dieses brennen weiter unten

BESETZTZEICHEN

ich wasche das geschirr
drehe die sicherungen raus
packe meinen rucksack

verschenke familienfotos
begleiche meine schulden
ziehe das telefon aus der wand

marschiere zur kaufhalle
warte auf den lastwagen
richtung grunewald

es ist nicht einfach mich
auf dieser fahrt zu erreichen
du hast es nur einmal versucht

A.H.A.S.V.E.R.

(ENTDECKUNG DER GESCHWINDIGKEIT)

zu beginn, josef, ist es noch einfach:
je schneller du läufst, desto schneller
wechselt die landschaft:
berge gehüllt in tarnfarbe, knüppelpfade
tannen wie hamburger gitter

schau nicht auf den nebel
der steigt als brenne das tal

das auge der erde ist aufgesperrt
folgt dir beständig
erlaubt sich nicht, zu zwinkern

versuche, dem fadenkreuz zu entwischen
schlage haken bei tag
gib ruhe zur nacht
verberge deine fackel, rekapituliere die route
kommst langsamer voran
als drehte sich die kugel zunehmend
gegen deinen lauf

josef, iosif, joseph
wer bist du gewesen
wer bist du geworden?

(HIPPOKRATISCHER EID)

josef, wundfadenspinner, goldgräber
der die erdhaut zertrennt
ihr das herz durchwühlt

träger von sackleinen
persilweißen gewändern
immer neu stehst du vor dem operationstisch
mit ruhiger hand, päppelst das instrument am wetzleder
beginnst mit dem eingriff
am offenen waldboden
präzise und sparsam

aber der weigert sich beständig
spuckt deine antikörper
lässt sich nicht mehr schließen
wie ein bluter aus adligem geschlecht

hat dir einen graben geöffnet
in den legst du dich nieder
merkst nach wenigen stunden
das sterben will dir nicht glücken
josef, du ahnst schon mehr als du weißt:

der wird dich nicht mit erde bedecken
nimm einen von den findlingen
bereite ihn dir zum kopflager

(FRAGEN DER HERKUNFT)

wer bist du, josef?
malchus, mitglied jener tempelwache
die sich der menschenjagd verschrieben hat
im osten europas

bist du jener diener des hohepriesters hannas
mit namen bottadio, der sich versteht
auf eine befragung mit der faust
das dunkelloch
die kältekammer

bist du kartaphilos
der die tore bewacht
nach rechts oder links weist
jeden hinein lässt und niemand hinaus

bist du der ohne namen
der nicht ohne aufforderung redet
der würfel bei sich trägt
um beute zu spielen

oder bist du jener seitenstecher
dessen speerspitze das leben trennt vom tod
der kristall in kammern wuchtet
elephantenmasken trägt
auf stille wartet

(MENE MENE TEKEL)

wer deutet deine träume, josef
wer liest jene zeichen
wenn nicht du?

dein name ist schwerer als wüstensand
die hitze schreibt dir den körper
voller wasserzeichen

die du um deutung ersuchen könntest
sind lange totgebissen
hättest sie nicht in deine
schlangengrube werfen dürfen

ach, was nicht alles verloren geht
auf den wegen, verhungert, verdurstet
dieses spiel langweilt dich zu tode
dennoch stirbst du nicht

keine fetten kühe treten an das wasser
keine ähren wachsen am ufer
jeder becher, den du füllst
wird zum tempelgefäß
führst du ihn an die lippen

keine klarheit stellt sich ein
kein licht geht dir auf über babylon
wer deutet deine träume, josef
liest deine zeichen, nebukadnezar?

(ENDE DER SCHONZEIT)

deine frau frisst ihre kinder:
hat ihnen das blonde haar gekämmt
nun liegen sie in den betten
der atem flach wie wasser

sag, das wusstest du, josef
schon bevor alles begann, oder?
bliebe auch nur einer übrig
wäre das das ende deines grasens
auf dem knochenacker
hast du das gewusst, iosif?

glücklich ist dein sohn
denn er hängt in den zäunen
glücklich deine magda
denn sterben geht leicht
(wem erzählen wir das)

nur dich, jason, der du unschuldig bist
vor den herrschenden, hat der ewige
zu einem besonderen tod bestellt
solltest ihm folge leisten
ist ein ungeduldiger könig

(SCHLAFLOS IN BET-EL)

ein jahrhundert gipfelkreuze gestapelt
josef, sprosse um sprosse
heute endet die leiter

siehe, engel klettern auf und ab
und der ewige steht darüber und spricht:
nicht mehr als ein rohbau war dein himmel
unzureichend befestigtes zelt
unter wölkchenhaut

das land, auf dem du liegst werd ich dir nehmen
und dein same wird sein wie staub
josef, und du

du wälzt dich schlaflos im flutlicht der nacht
bist zurück in deinem palast
nie waren scheinwerfer mehr als himmelskörper
nie dein blick mehr als eine flagge auf dem elbrus
die hitze im gesicht mehr als die abwärme brennender gasfelder

näher als heute wirst du ihnen nicht kommen
es löst sich sprosse um sprosse
fällst du zurück auf dein kopflager

(DEM LEUCHTENTRÄGER JOSEF)

josef, erwache! musst dich beeilen
wenn schon ein witz über einen rabbi
zu endloser wanderschaft verdammt
wie viel mehr ist es dann an dir
die erde mit füßen zu treten?

wir werden ruhen, aber du sollst gehen
josef, dir sind so viele todesmärsche zugedacht
es gibt nicht genug straßen dafür
so viele scheunen mit trockenem stroh
braucht deine fackel sie anzuzünden

jedes mal zerreißt es dir die muskeln
bricht dir den nacken, brennt dir die haare
die in dein hirn reichen wie lunten
espera-en-dios, wächst alles wieder nach
rabengesänge hinter der kreuzbinde

verstehst du, schuster, du stirbst nicht
in der erde, nicht auf den wegen
und nicht durch deine fakel
bist zum laufen verflucht
an den kaukasus geschlagen

(FLORES HISTORIARUM)

du sprichst alle landessprachen
josef, weißt, wie man unauffällig bleibt
zwischen den wänden europas, eine ratte bist du
die keine tiere isst, sondern menschen
die verendet im arbeitszimmer

es ist mir zu ohren gekommen
man sah dich zuletzt auf dem weg in die einöde
armenisches wissen, josef, iosif
eure kinder können sich glücklich schätzen

denn wohin auch immer ihr flieht
keine spur von jenem herzlichen erzbischof
der anno 1228 berichtete
ihr hättet gemeinsam diniert

habt euch also unsichtbar gemacht
unwürdige geheimnisse bewahrt
befehle erteilt wie nackenschüsse

aller freundschaft ledig tragt ihr eure fackel
zündet die wüste an, verbrennt euch die füße
zweyer zwerch Finger dick
gleich wie ein Horn so hart

(VOM ENDE DER TAGE)

siehe, josef, die anderen waschen sich
die hände, und was bleibt: du
und deine namen

die wachsende einsicht
ein anderes ende hat der ewige euch bestellt
ein anderes habt ihr erhalten

erhabene taten unternimmt der mensch
ist schrecklich, dabei ohne maß
er tut doch keine wunder
wohl mag er fasten um vergebung
es ist nicht das gleiche wie hungern

fackelträger, unter deinen toten
war kein erlöser, davon kehrt keiner zurück
wenn sich fügen wird, was zerteilt
und schließen, was klaffte

euer zeugnis bringt euch keine gnade
keine bußzeit ist anberaumt
die wüste immer neu zu durchmessen

josef, cartaphilos, malchus, bottadio
ewig wandernde seid ihr geworden

HULJET, HULJET

JUBELJAHRE

folgendes möchte ich feiern: schnaps
parkbank, bruchsicheres glas

dass wir uns eingerichtet haben, heißt
wir lösen einen rückfahrschein

das schweigen der magneten im auge
dysfunktionale rauchmelder

notieren die flugschrift der schwalben
ihr rätselhaftes kardiogramm

auf grillplätzen rauschen eichentische
treiben aus nach allen seiten

OSTERSPAZIERGANG

und wir haben gedacht, alle menschen
mit blonden haaren
hätten den krieg verloren

strahlende augenfarbe, über die wir
mit einem tretboot paddeln
wasser kitzeln am kreuz

schwäne beobachten
auf der suche nach weizengeschossen
ihre vom hals getrennten körper

tragen wir kopfhörer
als klammer um die augen
ist was wir sehen nicht so gemeint

TESTAMENT

wenn es schon enden muss
will ich ein massengrab
da liegt man zumindest nicht allein

ich hüte diesen ziegelstein
hängt mir vom herz in den bauch

durch den innenhof gespannte
weißwäsche des lebenslaufs

ich werde versuchen ohne benzin
den himmel zu erreichen

fremde länder nicht mehr
in den plastikmüll zu schmeißen

durch den drucker wandern wälder
werden anderswo vermisst

ACHI

dank dir für die hebron hills
ich dachte schon, jeglicher überblick
wäre mir verlorengegangen

kartentapete, von der aus ich
das mittelmeer sehen kann, zwei schritte
mit dem lesefinger entfernt

ich habe referenzen für dich
scheitern am check-in wegen übergewicht
wird die wartehalle geräumt

wir sollten uns wiedersehen
ich vermisse deinen dreitagebart
mit dem ich mich kratze, wenn es juckt

ANLEITUNG ZUM ERWACHSENWERDEN

ich habe märchenäpfel gekauft
und an bäume geschlagen

beschrieb eine stimmung
mit brombeertinte
bis die wetterkarte ihr entsprach

schüttelte die kuh des nachbarn
und servierte frühstück
als sie butter gab

biss auf einen stollen
darin fand ich kein silber kein gold

jagte wildgänse
über magerwiesen
mit einem druckwasserstrahl

sprang auf und ab
bis die ganze kohlensäure in mir
verdunstet war

FÜR TRISTAN

MEDINAT WEIMAR

denkt das einmal, mitte august spiele ich die
orgeln des norddeutschen tieflands. scheinwerfer
lichten anker, ich gebe zu, ich bin dankbar

für jeden erzwungenen reim, verstopfte pfeife
gestehe, ich will diese camouflagejacke aus dem
kleiderschrank deiner eltern enteignen

ich wollte niemals am grund der ostsee treiben
vor gdansk warf ich einen körper über bord
versicherte mich der kadavertreue weißer haie

wenn ich *jetzt* schreie, treffen wir uns stündlich
an der überlandleitung. fragt nicht, was ihr
für euer land tun könnt, fragt nach einem vollbart

LONESOME GEORGE

ich habe den kopf vollgestellt
mit pritschen, alles was ich sage
stimmt, ich habe den kopf

voller bretter, in laken
gewickelt hänge ich als eine planke
in meiner schlafböschung

mit aufgesperrten ohren
guckt doch mal her! ich kann baracken
kann eisenbahnfahrpläne

kann europas energielöcher
mit meinen knochenscheiten stopfen
ich kauer in ruhesesseln

überfüllt wie eine riesenschildkröte
in deren panzer man sich
eine suppe kocht

SELBSTBILDNIS

mit dem zeigefinger entwerfe ich
das bewegungsprofil meiner nachbarn
auf beschlagenen scheiben

will verdächtigungen vermeiden
aber die beiden sind so fett geworden
ich glaube, die machen seife

meine alpen haben lange beine
bodensatz, in den ich die bohrköpfe
meiner vogelhand treibe

ich zigarettenraucher halb schon asche
am horizont wirft jemand kohlmeisen
notiere das unter jahreszeit

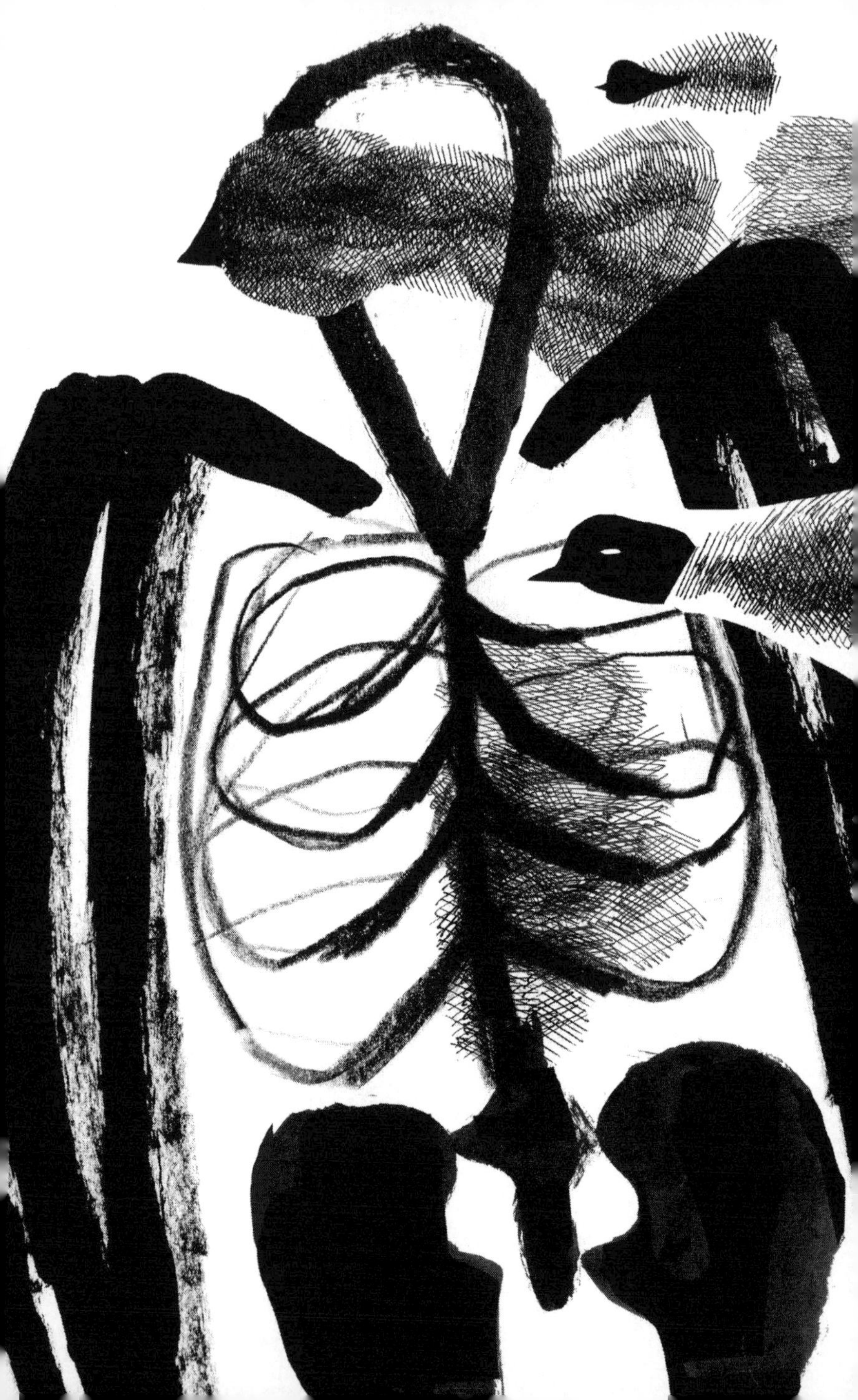

VON DER WIEDERKEHR

Pumba, bei dir besteht alles aus Gas

DER KÖNIG DER LÖWEN

I.

kilometerweise oberfläche auf die leinwand geatmet. du trägst das radio durch die wohnung, bis es rauscht. den koffer unter dem bett hervorgezogen, an die staubgrenze eines lichtstrahls gelehnt

jemand hat vorher hier gewohnt. es dauert stunden, seine aussicht von den fenstern zu wischen. ein von fliegern linierter himmel. endlose liste von ausstreichungen. hoffst, jemand schreibt mit

es gibt beispiele für jeden so viele, wie in die hosentasche passt. vergessener geburtstag, stillgelegte station. du stellst den becher an das fenster für einen, der dir die hände wäscht trittst du vor die tür, schaust du zuerst, wo brennt es am meisten. unterhältst mehr militär im kopf als eine überlandleitung. vorteil verstörung: du brichst in das museum deiner eltern ein

mit kreide umrandete bäume, flüstern in den leitungen, graviertes messing unter den füßen: sind das orgelpedale, register, über die du läufst, lautstärke aufdrehst, schaust, was passiert?

hier hast du eine seife, mit der kannst du alles waschen, außer sie selbst. berliner vororte, münchner endstationen, tägliche reise über deine haut. haare, die du für ein ticket verkaufst

siehst du die zwerge mit den gartenfackeln? sie sind
gekommen, dich zu verraten. ihre nierensteingroßen
fäustchen umzingeln die innenstädte. deine beine
laufen ganz ohne absicht in richtung bahndamm

auf dem weg streckst du die hände in die keller
unter den neubauten. von allen seiten beschattet
dich dein eigener mantel, menschen mit übervollen
augenabteilen, die münder überwucherte gleise

du stehst am bahnsteig und fahrpläne wachsen
wie nesseln. bist dir sicher, eine unbekannte regel
zu verletzen. schreib dir einen denkzettel: das
haar, die hand, die seife. warte auf flutlicht

II.

noch mit einem fuß im gleisbett, zieht der schaffner am hupenstrang. ich kann sagen, dass das hier deutschland ist. das land fällt rechts, dann links die vorstellung hinab. keine panik, es ist noch genug nichts für alle da

darauf folgt die vertraute organisation von krach. endlich kommt meine kindheit zur sprache: was, dächte ich mir sechshundertdreizehn fragen aus und was, hörte ich einfach damit auf?

nicht laut genug gedacht, schon flüstern stimmen im rattern. verschieben sich türen, besuchen mich vertraute gesichter. doch heute lasse ich kein glas, keine sitzbank mehr frei. begrüße keine säumigen propheten oh, hey, ich habe dir einen song geschrieben, verkürzter muskel auf reisen. hast gedacht, die stationen würden angesagt: da war die erste klasse, da war die zweite klasse, da war der waggon für kuhmenschen

im krankenabteil verschlingen frauen ihre kinder, chirurgen machen auf fronteinsatz mit schwerem gerät. penetrierte linie, korrigierter grenzverlauf, pronomen schieben sich der gegend unter

der gedanke an das ende der reise bricht einen unterton aus meiner kehle. ich suche nach einem lächeln in haufen schneidezähnen. aus den leitungen riecht es nach aasblumen, züngelt die liebe der mütter

die zwerge stehen auf und schütteln sich, belichten
die bilder aus meinem koffer. mir wurde beige-
bracht, benzin wie seife zu gebrauchen, regeln
für die regel, kein feuerzeug an feuerstellen.

dieser zwang, aus jeder reise ein exil zu machen.
brennt es in den kleingärten, wünsche ich mich
unter tannen. gestern waren die wälder noch klug
genug, sich im museum zu verstecken. heute heißt
meine neue heimat mitropa

will man mich wecken, stelle ich mich schlafend.
stelle ich mich schlafend, träume ich: es gab steine,
hantelschwer, die du mir aus den augen räumtest.
was es bräuchte, wäre ausreichend autorität,
„liebe" zu sagen

III.

ja, liebe! denken wir an deutschland, märkischer sand, denken an die heide oder gusseisen, summen: *der mond ist aufgegangen, die goldnen sternlein prangen, am himmel hell und klar.* sterne sind gelb und haben sechs ecken, VERDAMMT, sterne sind entfernte wolken und bestehen aus: gas, VERDAMMT

wir summen: *der wald steht still und schweiget, und aus den wiesen steiget, der weiße nebel wunderbar.* der wald, der freundlich schweigende deutsche wald und seine einmalige vielfalt: birkenwald, eichenwald, buchenwald, VERDAMMT aus den wiesen steigt nebel, wunderbar weißer rauch, VERDAMMT einmal zu lange das ohr an die schienen gelegt, schon brennen die tannen. vor uns auf der trasse verraucht der wald. klettert in die keller, schüttelt kissen auf, einsame gedanken: was ist das mit der langeweile, dieser deutschen amnesie?

ein oder zwei schläge mit der alustange genügen zum vergessen der ganzen geschichte. was wissen unsere fäuste von den vätern mehr als sie zerschlagen? schlafende sprengfalle unter einem mond mit offenem visier

also hocken wir an übergängen und halten zwischen lastwagen den kopf in die luft. eigentlich haben wir immer noch nichts in der hand, außer einem album voller weißer fotos. erinnerung an dinge, die wir nicht erlebt haben

wie trifft man sie also, die unterscheidung zwischen werkzeug und waffe? magazine voller kinder, überwachte ebene, wuchernder mund. wir erschießen nie gekannte vorfahren, klappen grob den tag zusammen, tauchen hände in warmen most

das gibt es, und die jahreszeiten gibt es, sag: die brennplätze gibt es, die hexen im kinderspiel, das bucklige, hakennasige rumpelstilzchen gibt es. worte wie gleise, buchen, seife. vor dem fenster eine messianische wetterlage

damit sollten wir uns gut stellen. das heil treibe weidwärts, herr, auf deine schlafheiden hinaus. deine schäflein hängen wie abgelegte kleider über dem taufstein, trinken einen ozean von der karte, wachen am anderen ende auf

מאור עיניים

—

ein wasserglas, eine brausetablette
den mund wüst von salzwasser- und rostgeschmack
vor dem fenster zwitschern ziegen
safed ist ein dorf in galizien.
wiederhole das folgende als gewissheit:

ich betrete das traumzimmer safed, heimat isaak lurias
unter dem mond, hell wie ein zeilenzwischenraum
feuerholz, katzen, handgeschöpftes licht

wache auf mit einem kiesel in der faust
ein abdruck bleibt auf meiner haut
diesem fünffach verästelten rippengewächs

ich will notieren, was ich weg nennen lerne
wen einen erinnerer, einen tröster, einen helden
im traumzimmer isaak luria

es wird erzählt
der löwe luria hielt kontakt
mit den heiligen auf handgeschöpftem papier

ich traf ihn vertieft in ein gespräch
die finger angeleinte ziegen, den körper
emphatisches nicken

nahm noch keine notiz
schon zog seine stimme bahnen
mit kriegsgeschrei, zimbeln und sieben shofarim

gelehrige schüler von jahreszahlen
und heroischen taten seit sechstausend jahren
irrende zwischen zerbrochenen steinen
stocherer in geborstenem bauwerk
in dem wir unser schicksal erkannten

---

luria begann zu summen
in einem raum ohne dehnung lag das licht
in heiligen gefäßen
deren zerbrechen ein anfang
und deren anfang ein zerbrechen war

nichts wissen wir von dem
was vor der schrift
lurias finger lasen den wochenabschnitt
zeichneten ringe in die mandelstämme
dem baumaterial von safed

ich wurde eingesponnen
in einen vorhang aus sieben fäden
spürte sie als unterhemd auf meiner haut
es wurde tag, es wurde nacht
eine erste amida

---

wo eben noch wiese gewesen war
wuchsen gebäude, brombeer
öffnete eine gasse
stämme standen spalier
gräber richteten sich die kronen
wurden mit kieselsteinen geschmückt

luria wandte sich um
stellte mir ein licht in die augen
bewegung meiner beine

ich sah die eigene ahnenreihe
durch galizien ziehen, sah cherubim
mit abgewandtem gesicht
was nun, ach europa
du meine hölle auf erden
was blieb mir von von dir zu sagen

—

zu beginn hatte er sich eingesogen
trennte wasser von wasser
gab den weg frei für unsere passage
anhebung der landmasse, erkalten der elemente
wir erreichten jenes gebirge mit dem namen malchuth

und nicht berge sah ich, sondern einen ozean
dem sie gerade erst entstiegen, algen wurden magerwiesen
korallenriffe falteten sich zu abhängen, schufen platz für holzhütten
opernmusik, karierte geschirrtücher

luria hob seine stimme wie einen stab
und mitten hindurch schritten wir auf dem trockenen
durch die vetraute landschaft

—

wind frischte auf und ich stand
im kanal seiner lunge
zog hindurch mit wagen und reiter
hing zappelnd in zäunen
meine augen bewohnten die hütten im tal

ich hatte mich also eingerichtet
in einem fremden exil
hatte bloß gedacht, ich wandere
und dabei atemdampf betrachtet die ganze zeit

da legte luria seine hand auf mein haar
war vater zum shabbat
und ich wusste alle geschwister neben mir
und wir wurden efrajim und menashe
sarah, rivka, rachel und leah

—

und das meer verharrte in seinem rückzug
eine finstere wolke die uns schützte vor dem regenguss

und nicht umgeworfen wurde ich
nicht fortgespült auf meinem weg durch die gassen

die seele riemen und laschen
abend zog über safed seinen staubenden bug

schweigend schaute ich in die gefäße
in den küchen standen kerzen zwischen menschen

gebete für die hoffnung, gesang für die kinder
die offnen türen für verspätete propheten

aus den fenstern floss licht, wurde zopf, lag auf den tischen

das morgengrauen findet mich neben einer erschöpften lampe
ycobo, den held des volkes, zicareo, den erinnerer
und numeo, den tröster in meiner faust

nicht wie makkabäer, als sie steine
für den tempel sammelten, nicht wie persische priester
die das feuer unterschieden nach profan und göttlich
schließen sich die flügeltüren dieser nacht

inmitten der reichtümer und freuden des fröhlichen asiens
bin ich ein hungernder und dürstender

ich wollte, ich könnte auf meine finger schauen
mich wundern warum sie so jung sind
und meine augen so alt

die reparatur der welt, vielleicht wenn der dampfatem der ziegen, wenn der wald, der bernstein, die eiszeit, vielleicht wenn der becher gefüllt, vielleicht wenn das land erobert, wenn wir allein und allein vielleicht wenn dann das wort zuhause, vielleicht wenn die freunde sterben, vielleicht nach den festen vielleicht wenn all unsere verluste, vielleicht die gefäße und das weit verstreute licht, vielleicht wenn die zäune von der schrift, vielleicht wenn keine zettel in den fugen der mauern, vielleicht wenn die toten vielleicht tanzen vor lauter glück vielleicht das leuchten am ende der kreissäle, vielleicht eine reparatur der welt

NOTIZEN

— מבול

Der Titel bedeutet auf Deutsch „Sintflut".

— freiluftinhalatorium salinental

Sophie Sondhelm war eine Krankenschwester und leitete ab 1920 das Jüdische Kinderheim in Bad Kreuznach. 1938 wurde das Heim von nationalsozialistischen Deutschen verwüstet. Sophie Sondhelm wurde 1943 nach Theresienstadt deportiert und 1944 in Auschwitz ermordet.

— wenn ich groß bin

Joseph Koba ist ein früher *nom de guerre* von Iosseb Bessarionis dse Dschughaschwili, der sich später Iosif Vissarionovič Stalin nannte. Zu dem Namen „Koba" inspirierte Stalin die gleichnamige Figur in dem Roman „Der Vatermord" (1883) des georgischen Schriftstellers Aleksandre Qasbegi.

— medinat weimar

Der Titel verweist auf ein Kunstprojekt, das sich für die Etablierung eines jüdischen Staates in Thüringen – mit Weimar als Hauptstadt – einsetzt. In den Augen des Initiators würde ein solcher Staat das jüdische Trauma, den deutschen Schuldkomplex sowie den Nahostkonflikt lösen (für weitere Informationen, siehe *http://medinatweimar.org/deutsch*)

— lonesome george

„Die Galápagos-Riesenschildkröte lebt auf dem Galápagos-Archipel, einer Inselgruppe im Pazifischen Ozean. [...] Die Unterart C. nigra abingdoni gilt seit dem 24. Juni 2012 als ausgestorben. Letzter Vertreter war Lonesome George, er starb mit ca. 100 Jahren im Galapagos-Nationalpark" (Wikipedia, „Riesenschildkröten", Stand 6.2.2015).

— A.H.A.S.V.E.R

Als Ausgangspunkt dienten der gleichnamige Roman von Stefan Heym (Bertelsmann-Verlag 1981), sowie das 1602 erschienene Fragment „Kurze Beschreibung und Erzehlung von einem Juden mit Namen Ahaßverus" (Wolffgang Suchnach, Bautzen). In der Bibel bezeichnet Ahasver eine nichtjüdische Figur (Daniel, Esther), im Mittelalter wird Ahasver zu einer zentralen Gestalt der antisemitischen Legende vom ewig wandernden Juden. In der neuzeitlichen Literatur wurden diese Fäden vielfach aufgegriffen und variiert. Hier knüpft der vorliegende Zyklus an.

— Von der Wiederkehr

Der Text ist eine Bearbeitung von Abschnitten des kollektiv verfassten Textes „Das war Absicht" (G13, SuKuLTuR 2013).

— מאור עיניים

Isaak Luria (1534–1572) war ein Rabbiner und Kabbalist aus Safed (heute Israel); „Me'or Eynaim", dtsch. etwa „Augenleuchte" ist der Titel eines Buches des jüdischen Historikers Azariah dei Rossi (Erstausgabe Mantua 1574–75). Dazu Salo W. Barons „History & Jewish Historians" (The Jewish Publication Society of America 1964) sowie „Zimzum" von Christoph Schulte (Suhrkamp 2014). Weiteres Textmaterial stammt aus Giorgos Seferis' „Mythischer Lebensbericht" (Suhrkamp 1962). Die Figuren Yaobo, Zicareo und Numeo beziehen sich auf Samuel Usque, „Consolação ás Tribulações de Israel" (Ferrara 1553; Übersetzung Martin A. Cohen, „Consolation for the Tribulations of Israel", Philadelphia: Jewish Publication Society of America 1965).

Der Autor dankt Jo Frank, G13 und Corinne.

INHALTSVERZEICHNIS